VIOLIN
REPERTOIRE

DEBUSSY
SONATE pour Violon et Piano
New Edition

Edition révisée par Gérard POULET, Yori KAWASHIMA

ドビュッシー
ヴァイオリン・ソナタ
新訂版

ジェラール・プーレ、川島余里 校訂

音楽之友社

ONGAKU NO TOMO EDITION

もくじ

本書について ──────── 3
ドビュッシーとプーレ ──────── 4
演奏のアドバイス ──────── 6

Ⅰ. Allegro vivo ──────── 9
Ⅱ. Intermède ──────── 19
Ⅲ. Finale ──────── 28

初版の献辞 ──────── 27

本書について

　本書は、この曲の初演者であり自らの父であるガストン・プーレから演奏法の指導を受け伝承を引き継いだジェラール・プーレによる校訂版（2009年刊行・デュラン社をもとに制作したオリジナル版）に、主にヴァイオリン・パート譜にフィンガリングの追加やボウイングの若干の変更を行った新訂版です。

　ドビュッシー生前の1917年にデュラン社より出版された初版は、ヴァイオリンのパート譜とスコア譜の間で、ボウイングや強弱記号、アーティキュレーションなどについて多くの異同があります。この異同がなぜ生じたのか不明ですが、パート譜の作成にガストンが関与していた可能性は高いと思われます。スコアは作曲者の原稿や校正に由来すると思われるため、本書は、スコアとパート譜の異同をあえて残しています。演奏に際して、スコアとパート譜の両方を比較してください。

　パート譜内の［　］で囲んだ記号は、スコア譜にあってパート譜にないテンポ表示と強弱記号、及び校訂者が補足した記号です。またジェラール・プーレによる「演奏のアドバイス」はスコア譜の6ページに収録しています。

　スコア譜内の＊のついたフランス語の音楽用語は、訳を楽譜下部に記載しています。
★のついた箇所は川島余里による助言を記載しています。

音楽之友社

ドビュッシーとプーレ
~ヴァイオリン・ソナタ初演の経緯~

ジェラール・プーレ

クロード・ドビュッシー
Claude Debussy (1862-1918)

ガストン・プーレ
Gaston Poulet (1892-1974)

ドビュッシーとガストン・プーレの出会い

　ドビュッシーと父ガストン・プーレが初めて会ったのは1916年，ドビュッシーの亡くなる2年前のことです。

　当時父は，ガストン・プーレ弦楽四重奏団という有名なカルテットの第1ヴァイオリン奏者でした。ドビュッシーの弦楽四重奏曲もよく演奏していましたが，作曲家本人に会ったことがなかったので，他のメンバー3人に提案し，ドビュッシーに宛てて「私たちの演奏について意見をお聞きしたい」と手紙を書いたのです。

　ドビュッシーから承諾の返事が届きました。青いインクで書かれた，筆跡のとても小さな手紙で，「クロード・ドビュッシー」とやはり小さくサインされていました。そして，日を決めて当時アベニュー・ド・ボワ（現在のアベニュー・ド・フォッシュ）という高級住宅街にあった，ドビュッシー宅を訪ねました。

　立派な邸宅に着くと広い部屋に通され，その端に四重奏団の4人が座り，反対側の離れた場所に作曲者が座りました。まず第1楽章を演奏しましたが，弾き終えてもドビュッシーは何も言いませんでした。第2楽章を弾いた後も無言，第3楽章の後も，最後の楽章を弾き終えても，ドビュッシーは口を開けません。メンバーは緊張し，震え上がっていました。

　意を決した父は立ち上がり，ドビュッシーの方につかつかと近寄りました。「先生，いかがでしょうか。あなたの四重奏曲はこんな感じでよろしいでしょうか？」

　返事は「いいえ。私のイメージと違う演奏でした」というものでした。しかしドビュッシーは「でも何も変えないでください。その演奏はあなた方によく合っています」と言葉を続け，「少しくらい何か申し上げましょうか」と，それから多くの助言をしてくれたのでした。初めはシャイで冷たく見えたドビュッシーでしたが，会話をしている間に，次第に打ち解けてくれました。

ヴァイオリン・ソナタの作曲と初演

　数週間後，ドビュッシーから手紙が届きました。
「親愛なるガストン。私は今，6曲の室内楽曲を作曲しようとしています。そのうちのヴァイオリンとピアノのためのソナタについて，少々書き上げた部分があるので，あなたにどのような感じか弾いてもらい，いろいろと相談したいと思います」

　さっそく父はドビュッシー邸に行きました。ソナタは構成がほぼ出来ていて，主題のいくつかが書き上げられていました。それから何度か通っている内に，曲は次第に出来上がり，父はテクニックの弾きにくい箇所や，演奏上望ましい箇所について，指摘しました。

　曲が完成すると，ドビュッシーは父に言いました。
「あなたのお陰で曲が完成しました。この曲をいっしょに演奏しましょう」

　当初は1916年のうちに初演するつもりだったそうです。しかし，この年ドビュッシーは直腸癌が判明し，手術を受けたので，小康状態を得ているあいだの1917年5月5日に，パリのガヴォー・ホールで演奏されました。この演奏会は，父が，失明した兵士たちのために開催したものでした。ドビュッシーの他に，声楽家のローズ・フェアール，オルガン奏者のアンリ・ダリエ，父の姉マルグリット・プーレが出演しています。ドビュッシーのヴァイオリン・ソナタはプログラムの中程で演奏され，このほかに父は伯母の伴奏でラロの《スペイン交響曲》，ダリエの伴奏でヴィターリの《シャコンヌ》やクライスラーのヴァイオリン曲などを演奏し，フェアールは，ドビュッシーの歌曲《フランソワ・ヴィヨンによる3つのバラード》《ビリティスによる3つの歌》《もう家のない子供たちのクリスマス》を作曲者の伴奏で歌いました。

　この後，9月にサン・ジャン・ド・リューズというラヴェルが生まれた町の隣町でもこのソナタが演奏されました。

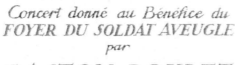

1917年5月5日の演奏会プログラム

ドビュッシーが癌で亡くなったのは，その翌年1918年3月25日のことです。

初演の後，このソナタを父がどこで何回くらい演奏したかは，わかりません。父は1926，7年頃から指揮活動をするようになったので，その後はほとんど演奏しなかったと思います。

ガストンの演奏と楽譜

初演にまつわる話や，父の演奏を聴いていたので，私は物心ついてヴァイオリンを弾けるようになった頃には，このソナタを隅から隅まで知っていました。そして父はレッスンで，ドビュッシーの意図や解釈，演奏法などを細かく教えてくれました。

父は，ボウイングやテンポ，奏法などについて，楽譜の指定と違う弾き方をする箇所がいくつもありましたが，ドビュッシーは父がそのように弾くことを認めていました。楽譜通りに弾くことが，ドビュッシーのイメージを忠実に表現するとは限りません。デュランなどのエディションは，作曲者の言葉を記載していないので，このような経緯を伝えてくれないのです。

後に私はヘンリク・シェリングに師事しました。彼にこの曲のレッスンを受けたことはありませんが，音の出し方やテクニックについて多くを学んだお陰で，それまで奏法のわからなかった部分について，どのように解釈するとよいか理解しました。ドビュッシーのソナタはエレガントさと繊細さで出来ています。そのような音が出せなければ，この曲は演奏できません。シェリングに学んだ後，このソナタの求める音を演奏する方法をつかみました。

演奏のアドバイス

ジェラール・プーレ

第1楽章

第1主題は当初，現在の形と異なるものが書かれていました。音が多くて演奏が難しく，あまり楽器が鳴らないということから，ドビュッシーは父ガストンに相談し，現在のものに変更したそうです。この1楽章の主題は第3楽章にも登場します。ドビュッシーは何か思い入れがあったのかもしれません。

楽章全体は，音楽をフレーズごとに収めるのではなく，さらさらと先に進めてください。変化が激しく急で，パンチの効いたフレーズがいきなり出てきます。例えば第56小節はとても情熱的です。しかし第64小節はまた静かになります。そしてスペイン的な熱情が，ところどころに顔を覗かせます。このような変化を，効果的に演出してください。

第5–8小節　スラーの長さがスコアとパート譜とで異なっています。スコアはドビュッシーの書いたスラーの可能性が高いですが，父はパート譜のとおり第6小節と第7小節の間で弓を返し，私もそれを踏襲しています。第8小節目の休符後の2分音符は私はダウンで弱く弾きます。そのほうがよい音が出ます。

第82-83小節　シ♭音のグリッサンドは短めがよいでしょう。82小節の終わりの方で，レ音に近い位置からわずかに入れます。

第88-91小節，第110-113小節
　スコアにある長いスラーはドビュッシーが書いたものですが，私は小節ごとに弓を返して演奏しています。

第93，95小節　スコアは8分音符にスタッカートがついていますが，ここはテヌートで弾くべきです。

第133-145小節，第209-215小節
　ドビュッシーは1889年に開催されたパリ万国博覧会で，ミュージック・ソーを聴いています。この部分にはその記憶が反映しています。ドビュッシーはミュージック・ソーの音色が気に入ったようで，ヴァイオリンでどのように書いたらよいか，グリッサンドをどのように使用するか，父に相談したそうです。

第238小節〜　第133小節からの音型が展開されています。ピアノ・パートと共に，スペイン風に演奏してください。第1拍の4分休符が短くならないように。

第2楽章

発想標語の **Fantasque** には，capriccio と似たニュアンスがあります。気まぐれ，変わってる，風変わりな，という意味です。**léger** は軽く，という意味です。

冒頭のメトロノーム表示 ♩=**75** は速過ぎます。最初は ♩=**64** がよいでしょう。第1-2小節は ♩=**75** でもよいのですが，第5-6小節はカデンツァのように弾きます。第13小節からは ♩=**75** より速くても遅くてもよいでしょう。第19小節の **au Mouv^t** からは ♩=**84** くらいです。

第2小節　1拍目から続くレ♯音が短か過ぎて寸詰まりになっている演奏が多いです。ここは正確にカウントしなければなりません。

第13小節　スコアにあるスラーは，ドビュッシーの望んだボウイングですが，父も私もこのとおりには弾いていません。最初の2音

だけアップで弾き，あとは1音1音，弓を返す方法をお勧めします。

第17 – 18小節	**Cédez** はリタルダンドです。
第23小節	この小節から裏拍をアップで弾きます。
第25，52小節	第25小節に入る際にわずかに間を空けます。subito *p* の入りをきれいに合わせるためです。第52小節も同様です。
第60 – 63小節	第62小節2拍目裏のソ音をハーモニクスで弾き，第61小節と変化をつけます。第63小節のクレッシェンドをやり過ぎないように気を付けてください。*poco* です。

第91小節	速さよりも，キャラクターを大切にしてください。
第101小節	ア・ラ・コルデ（a la corde）で弾きます。弦から弓を離しません。
第108小節	グリッサンドは書かれていませんが，**Rubato** の箇所なので自然にそのように弾きたくなります。本能的にやりたい人だけ入れてよいでしょう。
第112 – 113小節	私はここを弓を返して弾いています。
第114小節	ここはハーモニクスではなく，実音で弾いても構いません。父は実音で演奏し，ドビュッシーはそれを認めていました。

第120小節	第60小節と同じ性格です。作曲者が書き忘れたのか，初版のこの箇所にテンポ表示がありません。この版では [**Meno mosso**] を補っています。
第128小節	*sempre rall.* は，最後までもっとゆっくりという意味です。どんどん遅くしていってください。
第131小節	弓を返すときにアクセントがつかないように気をつけてください。やわらかく弾きます。
第133小節	楽譜に書かれている音価がわかるように，徐々に均等に遅くします。

第3楽章

ヴィルトゥオーゾな性格をもった，華やかな楽章です。

第9小節	**Meno mosso** が見落とされる傾向があります。ここで必ずゆっくりしてください。第1楽章のテーマの再現です。
第46 – 47小節	私はこの箇所を，駒の方で弾いて（ponticello），変化をつけます。
第64小節	スコアにはスタッカートがついていますが，スラーで弾くのもよいでしょう。

| 第85小節 | とても即興的に弾いてください。 |
| 第92 – 93小節 | 第92小節2拍目裏のド♯音で時間をとるので，第93小節で少し速くします。**Rubato** は，遅くする，という意味だけではありません。 |

第125小節	最後のシ♭音は，なるべく後の方で弾きます。
第134，138小節	ピアノ・パートに第1楽章第1主題の縮小形が出てきます。
第145 – 146小節	複縦線のところで，8分休符くらいの間を必ず空けてください。楽譜には書かれていませんが，これはドビュッシー自身の指示です。第146小節の *p* subito の入りをきれいに合せるためでしょう。父は，いつもここで「カンマ，カンマ」と言っていました。
第172 – 193小節	ピアノ・パートは4音をスラーで結んだフレーズが6回くり返され，1回ごとにテンポが速くなっていきます。3回目にヴァイオリンが入りますが，テンポは1回目のフレーズよりすでに速くなっています。第184小節からはフレーズがオクターヴ上がるごとに，さらにテンポが速くなります。
第205小節	初版譜にはグリッサンドが書かれていますが，私は開放弦で弾くのでグリッサンドを入れません。

SONATE
pour violon et piano

I

CLAUDE DEBUSSY

* だんだん速く

* はっきりと

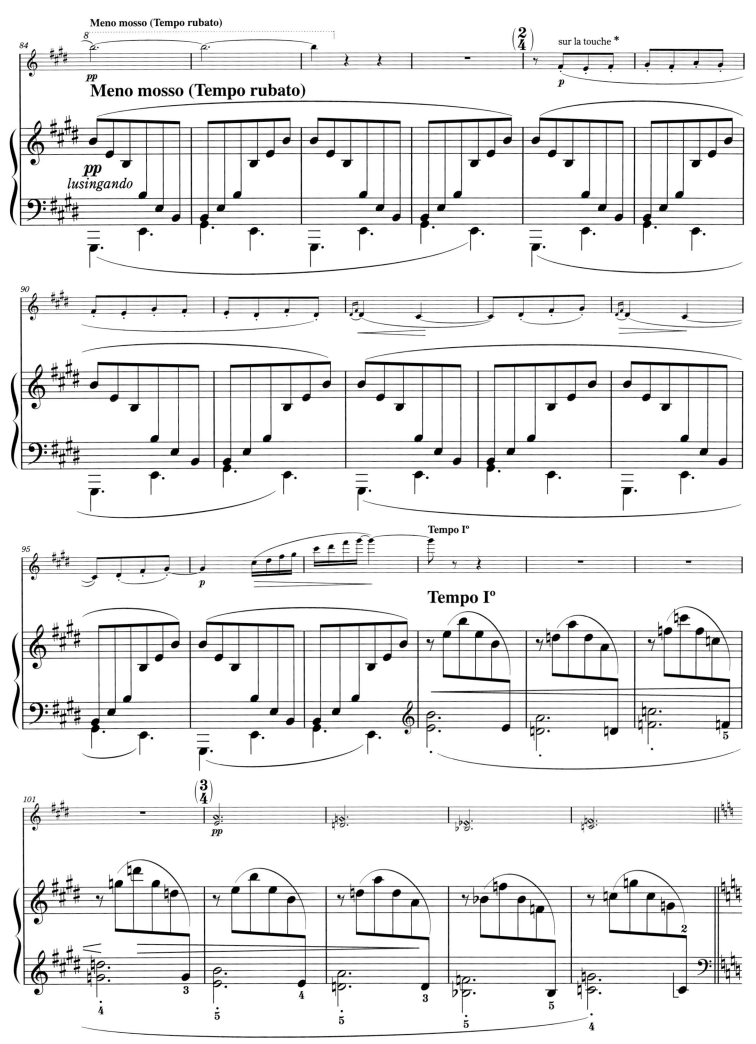

*1 もとの速さで (*a tempo*)　　*2 ひっぱりぎみに

★ アルペッジョにする場合は1番上の音がヴァイオリンとそろうように

18

★ アルペッジョをたっぷりと

*1 気まぐれに，軽やかに   *2 ゆっくり   *3 だんだん遅く (rit.)

★ わずかに間を空ける

*1 表情豊かに，厳格すぎないように　　*2 初めのテンポで（但しここでは第13小節目のテンポと解釈する）
★1 テンポを柔軟に。揺らしてもよい　　★2 固い音で。3の指を1と2の指で支えるとよい

* 72 小節参照

＊ 最後までさらにゆっくり　　★1 このテンポ表示は初版にはない。作曲者の書き忘れと思われる
★2 書かれている音価がわかるように，徐々に均等に遅くしてゆく　　★3 ヴァイオリンと同時にはなす

> *Les Six Sonates pour divers instruments*
> *sont offertes en hommage à*
> *Emma-Claude Debussy (p.m.)*
> *Son mari*
> *Claude Debussy.*

初版の献辞
この異なる楽器のための6つのソナタを，
（私の可愛い）エンマ＝クロード・ドビュッシーに
献呈する。
　　　　　　　夫　クロード・ドビュッシー

III

Finale 終曲

*1 とても速く　　*2 軽やかに，遠くで　　★ ここからテンポが遅くなることに注意

★1 9度の和音に指が届かない場合は両手に分けて弾く。アルペッジョにしないで，左手はレガートになるように弾く
★2 ヴァイオリンの重音を待って上の音と合わせる

* 2倍の遅さで　★ 93-94 小節辺りでテンポを少し速くする（rubato は遅くするだけではない）

★1 32分音符をなるべく後ろに入れる　　★2 Dのオクターヴの響きが単独できれいに聴こえるように　　★3 ピアノの上声部のテーマを出す

★1 ピアノ上声部のテーマを出す　　★2 ドビュッシーはここで8分休符分の間をあけるように指示した　　＊くいつくように

*1 （金管楽器のように）張りのある音で　　＊少しずつ très animé（とても速く）に向かっていく　　★もやもやと始めて速めていく

*3　ひそかにせきこんで

ジェラール・プーレ　Gérard POULET

世界的ヴァイオリニストであり教育者。指揮者でヴァイオリニストであったガストン・プーレを父親に持つ（ガストンは、1917年にドビュッシーのヴァイオリン・ソナタを作曲家自身のピアノで初演した際、共演したヴァイオリニストである）。

11歳でパリ国立高等音楽院に入学、2年後に首席で卒業。18歳でパガニーニ国際コンクール優勝。フランチェスカッティ、メニューイン、ミルシュテイン、とりわけ人生の師と仰ぐヘンリク・シェリング等の巨匠に師事。

世界各地でソリストとして活躍。多くのオーケストラと共演を重ね、これまでにパリ管弦楽団、フランス国立管弦楽団、ストラスブール・フィルハーモニー管弦楽団、RAI国立交響楽団、プラハ・ラジオ交響楽団、リエージュ・フィルハーモニー管弦楽団、北京交響楽団、シュトゥットガルト室内管弦楽団、読売日本交響楽団、東京シティ・フィルハーモニック管弦楽団、仙台フィルハーモニー管弦楽団等と共演。

80歳を超えた今も「現役」の演奏家として精力的にコンサート活動を行っており、各国の主要な国際コンクール審査員長にも招聘されている。これまでに出したCD（LP)は70枚に及ぶ。

2003年に長年教授を務めたパリ国立高等音楽院を退官、その後はパリ市立音楽院とエコール・ノルマル音楽院で教鞭を執り、また東京藝術大学客員・招聘教授（2005年〜2009年）を務め、2010年より昭和音楽大学の教授職にある。その他、多数の音楽大学にも招かれている。

コンクールの優勝・上位入賞者を多数輩出し、日本ヴァイオリン界のレヴェル・アップにも大きく貢献している。世界中でマスタークラスを行っており、日本では「京都フランス音楽アカデミー」「いしかわミュージック・アカデミー」「軽井沢国際音楽祭」「アーツ国際音楽セミナー」「河口湖バイオリンセミナー」等に招聘されている。

1995年フランス芸術文化勲章、1999年フランス文化功労賞を受賞。

日本弦楽指導者協会、日本フォーレ協会 名誉会員。

「今が人生の最高。こんなによい生徒たちを持ったのは生涯で初めて。多くの素晴らしい友人、同僚に恵まれ、日本にいる幸せをつねに感じている。日本人の心（思いやり）、丁寧さ、規律の正しさ、日本の食事が大好き」

www.gerard-poulet.com

川島 余里（かわしま より）

東京生まれ。3歳よりピアノを始め、桐朋学園大学音楽学部附属子供のための音楽教室に学ぶ。東京藝術大学附属高校および同大学作曲科卒業、同大学院修了。在学中にH. ピュイグ＝ロジェ氏の指導と影響を受け、演奏家になる志を立て1989年渡仏。パリ国立地方音楽院にてピアノ科とピアノ伴奏科のプルミエ・プリを取得。O.ギャルドン、G.ジョワ（デュティユー夫人）に師事。

1987年ピティナ第1回特級2台ピアノ部門優勝。2000年イタリア・トラーニ国際ピアノコンクール・ファイナリスト。2005年大阪府吹田音楽コンクール作曲部門において《ヴァイオリンのための組曲》（ヴァイオリン・ソロ）で第1位を受賞。

ソロ・室内楽奏者として幅広いレパートリーを持ち、オーケストラ共演も多数。ラジオ・フランスFM生放送でも演奏。

公式伴奏者としても「ロン＝ティボー国際音楽コンクール」「中国国際ヴァイオリンコンクール」をはじめ、「モーリス・ラヴェル国際音楽アカデミー」「ニース夏期国際音楽アカデミー」「カリアリ夏期国際音楽アカデミー」等、国際的に活躍。

パリ国立高等音楽院をはじめ、パリ市立音楽院、パリ区立音楽院、パリ・エコール・ノルマル音楽院等の伴奏者としての活動を経て、2005年帰国。

国内外一流のソリストから伴奏を依頼されており、とりわけジェラール・プーレに最も信頼されるピアニストとなる。

東京藝術大学弦楽科および附属高校で伴奏助手を務めた後、現在は東京藝術大学と昭和音楽大学で講師を務め、ソルフェージュ・伴奏・室内楽などで後進の指導にあたっている。日本フォーレ協会会員。

校訂者の演奏によるCDが発売されています。
「ドビュッシー プーランク フォーレ／ジェラール・プーレ フランス三大ヴァイオリン・ソナタを弾く」
Vn：ジェラール・プーレ，Pf：川島余里
NYS-81101 ／お問い合わせ：タカギクラヴィア（株）TEL：03-3770-9611

ドビュッシー　ヴァイオリン・ソナタ　新訂版	
2016年 2月10日　第1刷発行 2022年 7月31日　第3刷発行	
校訂者	ジェラール・プーレ 川島　余里
発行者	堀内　久美雄
発行所	東京都新宿区神楽坂6の30 株式会社　音楽之友社 電話　03(3235)2111(代)　〒162-8716 振替　00170-4-196250 https://www.ongakunotomo.co.jp/

476570

© 2016 by ONGAKU NO TOMO SHA CORP., Tokyo, Japan.

落丁本・乱丁本はお取替いたします。
Printed in Japan.

この音楽著作物の全部または一部を権利者に無断で複製(コピー)
することは、著作権の侵害にあたり、著作権法により罰せられます。

楽譜浄書：中野隆介
装丁：吉原順一
印刷/製本：錦明印刷(株)

VIOLIN REPERTOIRE

DEBUSSY
SONATE pour Violon et Piano
New Edition
Edition révisée par Gérard POULET, Yori KAWASHIMA

ドビュッシー
ヴァイオリン・ソナタ
新訂版

ジェラール・プーレ、川島余里 校訂

Violin

Ⅰ. **Allegro vivo** —————— 2

Ⅱ. **Intermède** —————— 6

Ⅲ. **Finale** —————— 8

音楽之友社

Violin

Edition révisée par Gérard Poulet

SONATE
pour violon et piano

I

CLAUDE DEBUSSY

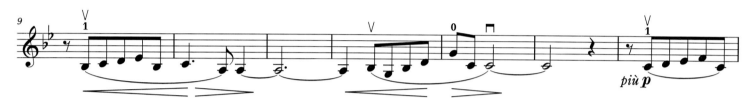

En serrant

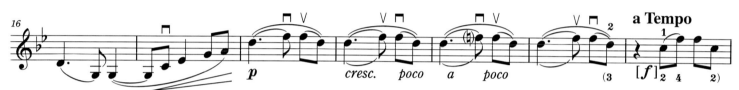

運弓・運指：ジェラール・プーレ

III

Finale 終曲

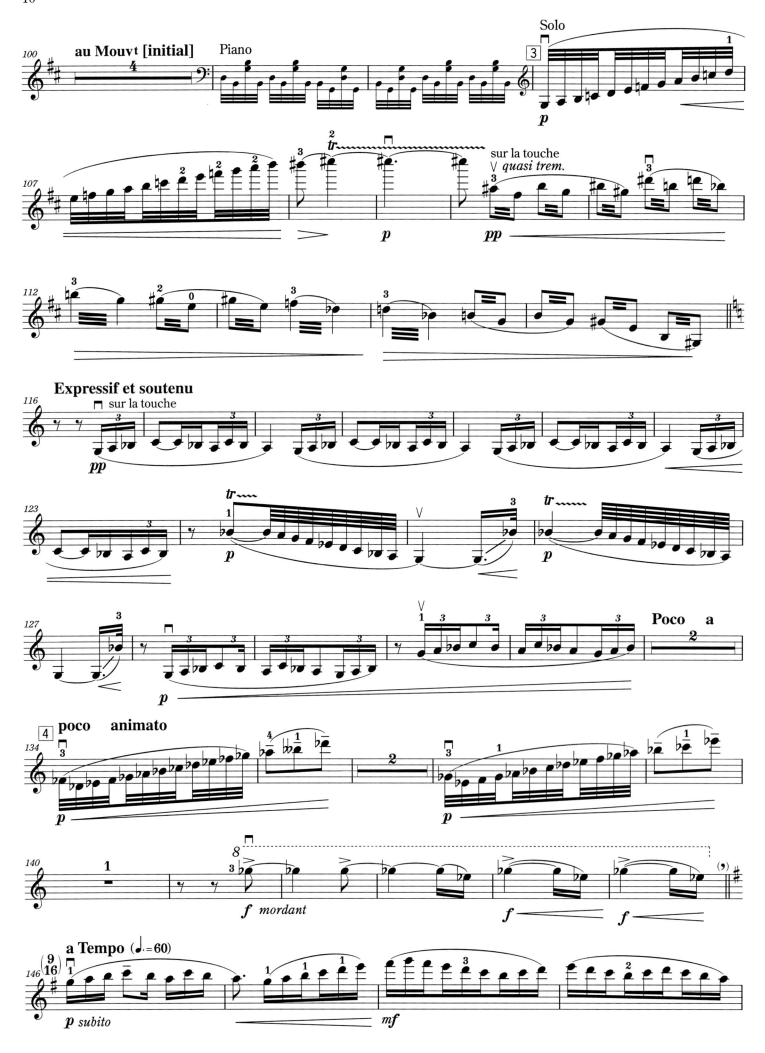